LETTRE INÉDITE

DU MARÉCHAL DE LAVARDIN

AU CONNÉTABLE DE MONTMORENCY

(1599)

Publiée par Samuel MENJOT d'ELBENNE

MAMERS

IMPRIMERIE DE G. FLEURY ET A. DANGIN.

1876.

LETTRE INÉDITE

DU MARÉCHAL DE LAVARDIN

AU CONNÉTABLE DE MONTMORENCY

1599.

Extrait de la Revue historique et archéologique du Maine.

Tome I., N° 6. — 1876.

LETTRE INÉDITE

DU MARÉCHAL DE LAVARDIN

AU CONNÉTABLE DE MONTMORENCY

(1599).

Publiée par Samuel MENJOT d'ELBENNE

MAMERS

IMPRIMERIE DE G. FLEURY ET A. DANGIN.

1876.

LETTRE INÉDITE

DU MARÉCHAL DE LAVARDIN

AU CONNÉTABLE DE MONTMORENCY

1599.

Le document qui suit relate une curieuse histoire. La scène se passe sous Henri IV, en 1599. Un gentilhomme du Bas-Maine, le sieur de Montesson (1), avait eu maille à partir avec un sieur Garault, d'Orléans, qui entretenait, paraît-il, commerce d'amitié avec le prévôt provincial du Maine. Ce dernier se nommait Claude Barbes de la Forterie (2).

(1) La Maison de Montesson était alors représentée par deux branches. La branche aînée, à laquelle appartient vraisemblablement le gentilhomme dont il s'agit, avait alors pour chef René II de Montesson, chevalier, seigneur dudit lieu, Bais, Favières, le Plessis-Boureau, etc., chevalier de l'Ordre du roi, gentilhomme de sa chambre, qui obtint du roi, en 1586, l'autorisation de faire relever les fortifications de son manoir de Montesson. Il avait épousé, par contrat du 15 juillet 1570, Charlotte Percault, veuve de messire Claude de Chissé. Le représentant de la branche cadette était Jacques de Montesson, écuyer, seigneur de Douillet, l'un des cent gentilshommes de la Maison du roi, époux de Jeanne de Rougé.

(2) Il était fils de Jean Barbes III, écuyer, seigneur de la Forterie, échevin du Mans en 1566, et de Louise Le Comte des Laubières. De ses deux sœurs, l'aînée, Nicolle-Marguerite épousa Michel de Marillac, garde des sceaux de France; la seconde, Françoise-Antoinette, fut mariée à Jacques Richer de Monthéard, lieutenant particulier au Mans. Claude Barbes fut anobli par lettres du mois de septembre 1617. Il avait embrassé

A la sollicitation de Garault, Claude Barbes fit emprisonner à Laval le sieur de Montesson, mais il comptait sans la femme de son captif. Celle-ci ne s'effraya point de si petite affaire. Elle vint à Laval pour y voir son mari et lui procura quelques cordes à l'aide desquelles il déserta lestement sa prison.

Monsieur le Grand-Prévôt, qui se piquait d'être gentilhomme, ne se montra guère galant. Il ne partagea point la manière de voir du maréchal de Lavardin, qui dit que raisonnablement « la femme ne peult estre blasmée de faire » tout se quelle peult pour la lyberté de son mary ». Il eut même la discourtoisie de s'indigner du procédé et de retenir dans ses prisons madame de Montesson. Il la traita fort mal, non pas en prévôt, mais en goujat, et refusa sa mise en liberté sous quelque caution que ce fut.

Sans parler du respect dû aux dames, l'intérêt de monsieur de la Forterie eut été de se montrer moins brutal. Ses connaissances généalogiques, s'il en eût possédé, l'auraient utilement servi dans cette circonstance, mais un prévôt n'est point un homme universel. Claude Barbes était un bon gendarme qui n'était guère instruit des moyens de parvenir. La dame de Montesson était parente du maréchal de Lavardin (1) qui connaissait déjà l'affaire et qui se chargea

la carrière des armes à l'âge de dix-huit ans et exercé, pendant vingt ans, la charge de prévôt des maréchaux de France dans la province du Maine. Il contribua à l'exécution de l'édit de révocation des anoblissements et faillit perdre la vie dans les émeutes que cet édit suscita à la Flèche et à Château-du-Loir. Comme dernière récompense, il obtint un office de Trésorier de France. — Carré de Busserolle, *Calendrier de la Noblesse*, 1867. — *Registre des anoblissements de la Cour des Aides*, par F. Bonlin, 1503-1760.

(1) Jean III de Beaumanoir, chevalier, marquis de Lavardin, baron de Tucé, de Malicorne, etc., chevalier des Ordres du roi, successivement gouverneur du Maine, du Perche et du Poitou, colonel de l'infanterie française, maréchal de France en 1595, et ambassadeur extraordinaire en Angleterre, mort à Paris en 1614, avait épousé, en 1578, Catherine de Carmaing, comtesse de Negrepelisse.

« d'apprendre son mestier » au Grand-Prévôt. Il en écrivit en ces termes au connétable de Montmorency (1) :

« Monsyeur, depuys peu le prevost provynsyal de se pays
» ayant, à la requeste d'un nommé Garault d'Orléans, pryns
» prysonnyer Monsyeur de Montesson pour quelque dyffé-
» rant quy est antre eus et l'ayant mené à Laval, Madame
» de Montesson, sa famme, lestant allé voyr soyt de son
» invanssyon ou autrement par le moyan de qeulques cordes
» quelle luy a fayt bayller s'est sauvé du lyeu ou yl estoit
» retenu : de quoy estant ledyt prevost indygné la fayt
» retenyr elle mesme prysonnyère et la traytté fort mal, ne
» l'ayant voulu eslargyr soubs aucune cautyon se quy me
» samble du tout déraysonnable attandu que la famme ne
» peult estre blasmée de fayre tout se qu'elle peult pour la
» lyberté de son mary mays s'est peult estre à cause du
» deplaysyr que ressoyt ledyt prevost de se voyr frustré de
» la somme de syng sans escus qu'yl avoyt exygée pour
» fayre la dytte prynse quy est une concussyon manyfeste
» de laquelle yl meryte chastymant, et pour luy aprandre
» son mestyer et le faire regarder de plus près aux
» ordonnanses je vous suplye, Monsyeur, de commander
» quyl soyt interdyt de son estat pour quelque tamps, car
» s'est leur ordynayre de fayre ses coups la et par mesme
» moyan ordonner quyl fera mettre an lyberté ladytte dame
» de Montesson soubs bonnes et suffysantes cautyons syl est
» requys qu'elle an fournysse. Fortyffyé de l'onneur que
» vous me faytes de m'aymer, je vous fays sette suply-
» cassyon, tant à cause que je la juge raysonnable que pour
» se que ladytte dame de Montesson m'apartyent en quelque
» chose (2), et pour se quy est du fayt de ladytte prynse, je

(1) Henri I, duc de Montmorency-Damville, pair, maréchal et connétable de France, chevalier des Ordres du roi, mort en 1614, fils de Anne, premier duc de Montmorency, connétable, pair et grand maitre de France, et de Madeleine de Savoie.

(2) Le maréchal de Lavardin avait pour beau-frère René de Bouillé ;

» vous assurera, Monsyeur, que s'est malyceyeusemant quyls
» travayllent ledyt syeur de Montesson, quy sest submis
» pour sortyr de sela a touttes les raysons du monde. Je
» le say pour y avoir esté amployé d'une part et d'autre
» et pour les avoyr une ou deux foys mis d'acord. Je vous
» suplye donq, Monsyeur, me fayre sette faveur d'acorder
» ma requeste et croyre que sela m'oblygera d'autant plus à
» vous contynuer les effets de mon servysse, comme je suys
» déterminé à demeurer toutte ma vye,

» Vostre très affectyonné servyteur

» LAVARDYN (1).

» Du Mans, se XIIII mars 1599. »

S'il faut en croire ce témoignage, Claude Barbes « se
» laissait charmer à l'argent ». Peut-être cependant ne fut-il
malhonnête que dans l'acception du mot au XVIIe siècle.
Peut-être aussi le maréchal professe-t-il un dédain par trop
grand pour les prévôts « dont s'est l'ordynayre de fayre
» ses coups là ». Que la Forterie fut coupable ou non,
il n'en réussit pas moins à enrichir sa famille. Espérons
qu'il fit exception à la règle générale, et qu'en lui la vertu
fut récompensée. Il avait épousé, en 1612, Marie Le Large,
dont il eut un fils, nommé Claude Barbes comme lui, qui
fut Grand-Prévôt provincial de Touraine et Trésorier de
France en la généralité de Tours (2). Il paraît avoir cultivé

l'aïeulle paternelle de René II de Montesson se nommait Guyonne de
Bouillé. C'est peut-être la parenté dont le maréchal veut parler.

(1) Bibliothèque nationale, ms. fonds Français, n° 3585, page 73. Lettre
autographe de 2 pages in-folios.

(2) Claude Barbes II mourut au Mans en 1669 et laissa trois enfants :
1° Claude-François Barbes, seigneur de Chaston, conseiller au Parlement
de Paris, Trésorier de France à Tours, mort sans hoirs en 1676 et inhumé
dans l'église de la Couture ; 2° Elisabeth, mariée à Antoine Le Bigot de
Gastines ; 3° Renée, mariée à Gabriel, comte de Montmorency-Laval.

les grands de ce monde avec plus de succès que son père. Fidèle à ce vieux principe : « les petits présents entretiennent l'amitié », il ne ménageait point les chapons à Monsieur le chancelier Séguier. Sa femme, Elisabeth Belocier de Mauny (1), le secondait comme l'atteste cette lettre :

« Monseigneur,

» Jay esté commandée par Monsieur de la Forterye, mon mary, lorsqu'il est party d'icy pour aller faire son service de sa charge de trésorier de France à Tours, de vous envoyer son petit présent annuel. C'est pourquoy, Monseigneur, je vous supplieray le vouloir recepvoir en six chappons gras de celle qui est et sera toute sa vie,

» Monseigneur,

» Vostre très humble et très obéissante servante,

» BELOCIER DE LA FORTERIE (2).

» Du Mans, ce 5 febvrier 1645. »

Déjà les chapons du Maine jouissaient de toute la considération qu'ils méritent. Vénérés dans notre province ils

---

(1) La famille Belocier était alliée aux Bautru et aux meilleures familles de la province. Madame de la Forterie mourut en 1699. Une des sœurs d'Elisabeth avait épousé Tanneguy de Lombelon des Essarts, sénéchal du Maine. Nous devons ces renseignements à l'extrême obligeance de M. l'abbé Esnault, dont la magnifique collection est ouverte avec un désintéressement bien rare à tous les travailleurs.

(2) Bibliothèque nationale, ms., ancien fonds Saint-Germain, n° 709, tome 17, folio 45. Correspondance du chancelier Séguier, page 45. — Les deux lettres que nous publions nous ont été communiquées par M. B. Hauréau, membre de l'Institut, que nous sommes heureux de remercier ici de sa bienveillance.

devaient bientôt atteindre les plus hautes destinées. Quelques années encore et les Manceaux reconnaissants députeront ces vertueux oiseaux à la reine pour lui présenter leurs doléances :

> Humblement, Madame la Reine,
> *Supplieront* Chapons du Maine,
> Que *le Mans aura* député
> Auprès de Votre Majesté,
> Sçachant bien que dans votre Chambre,
> Où tout autre Député tremble,
> *Ils parleront* plus hautement
> Que ceux qui parlent mollement,
> Ayant eu accez favorable,
> Ayant eu place à votre Table
> Où mesme les Princes du Sang
> N'ont jamais prétendu de rang (1).

M. D'E.

(1) *Requeste burlesque présentée à la Reine par les Chapons du Mans, deputez des Manseaux, sur les désordres faits par les Gens de Guerre en leur Province.* Mazarinade, in-4°, 8 pages, sans date.

Mamers. — Imp. de G. FLEURY et A. DANGIN. — 1876.

www.ingramcontent.com/pod-product-compliance
Lightning Source LLC
Chambersburg PA
CBHW061623040426
42450CB00010B/2643